Contents

Come ti chiami? (What is your name?)

Mi chiamo = My name is

1) **Come si chiamano queste persone?** (What are the people called?)
   Segui le linee. (Follow the lines.)
   Scrivi le frasi in italiano. (Write the sentences in Italian.)

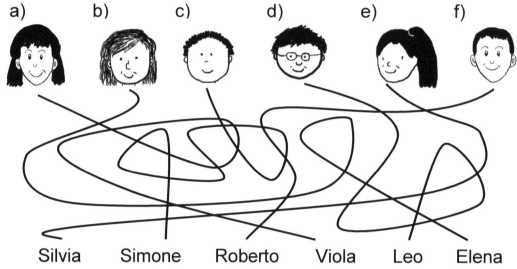

a)   b)   c)   d)   e)   f)

Silvia   Simone   Roberto   Viola   Leo   Elena

a)   *Mi chiamo Viola.*

b)   Mi chiamo Elena

c)   Mi chiamo Simone

d)   Mi chiamo leo

e)   Mi chiamo Silvia

f)   Mi chiamo Roberto

2) **Abbina la frase inglese con la frase italiana:**
   (Match the English phrase with the Italian phrase:)

What is your name? ----   Mi chiamo Andrea

Hello / Bye   Come ti chiami?

My name is Andrea   Ciao

Come stai?

(How are you?)

1) Scrivi in italiano che cosa dicono queste persone:
(Write in Italian what these people are saying:)

a) Davide   *Sto bene.*

b) Nadia   Male

c) Paolo   Così Così

d) Carolina   Così Così

2) Scrivi i nomi delle persone che stanno….
(Write the names of the people who are….)

a) well   *Anna e Davide*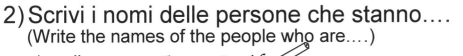

b) so-so   Carolina e Paolo

c) not well   Carlo e Nadia

Sto bene = I'm good   male = not so good   così così = so so

3

Le frasi importanti

buonanotte   buongiorno   grazie   buonasera   arrivederci

per favore   buonasera   buongiorno

buongiorno   buonanotte   buongiorno   buonasera

grazie

buonasera   per favore   buongiorno   arrivederci

per favore   buonanotte   buonanotte   arrivederci

grazie   per favore

grazie   per favore   per favore   grazie

---

1) Quante volte compaiono queste parole?
(How many times are there these words?)

Buongiorno   Per favore

Buonasera   Grazie

Buonanotte   Arrivederci

2) Come si dice in italiano?
(How do you say in Italian?)

a) Good evening   *Buonasera*

b) Thank you   Grazie

c) Good morning   Buonogiorno

d) Goodbye   Arrivederci

e) Good night   Buononotte

 f) Please   Per Pavore

Word search

Trova queste parole: (Find these words:)

CIAO
BUONGIORNO
BUONASERA
BUONANOTTE
ARRIVEDERCI

COME TI CHIAMI?
MI CHIAMO
PER FAVORE
GRAZIE
PREGO

COME STAI?
BENE
MALE
COSÌ COSÌ

B	U	O	N	G	I	O	R	N	O	B	A	M	G	D	E	X	C	E	B	A
C	B	A	C	T	Y	Z	S	M	P	O	L	K	J	B	N	P	O	F	U	R
G	P	M	B	U	O	N	A	S	E	R	A	E	P	E	W	P	M	G	O	R
D	E	X	C	B	I	P	Z	E	W	B	U	E	Y	N	Z	X	E	C	N	I
P	M	I	C	H	I	A	M	O	M	U	Z	I	E	E	O	P	T	I	J	V
B	E	R	R	G	B	L	M	N	Y	U	E	D	C	A	B	B	I	A	K	E
E	I	Z	A	R	G	E	E	?	E	E	?	E	C	Z	E	X	C	Y	L	D
Q	P	?	Y	Y	X	R	R	T	B	V	Y	U	P	R	M	I	H	E	S	E
P	D	E	X	B	M	P	T	R	D	C	R	X	O	R	C	D	I	G	W	R
R	C	V	R	F	B	O	?	N	C	R	M	V	P	D	O	C	A	X	P	C
E	V	R	N	R	N	R	N	R	X	T	A	M	V	C	S	N	M	A	C	I
G	Q	W	S	A	C	V	M	T	Y	F	Z	X	A	O	I	P	I	R	E	W
O	I	X	N	S	B	?	Q	W	R	J	K	Z	E	P	C	W	?	R	L	O
B	U	O	X	Z	E	X	C	E	E	B	P	T	B	G	O	T	M	I	A	O
B	U	T	?	E	S	X	P	B	F	E	L	A	M	M	S	U	I	I	W	P
B	Z	C	O	M	E	S	T	A	I	?	M	Y	I	N	I	O	C	C	Q	U

uno

due

tre

quattro

cinque

i numeri

sei

sette

otto

nove

dieci

6

Quanti punti ci sono?

Quanti punti ci sono su ogni gatto?
(How many dots are there on each cat?)

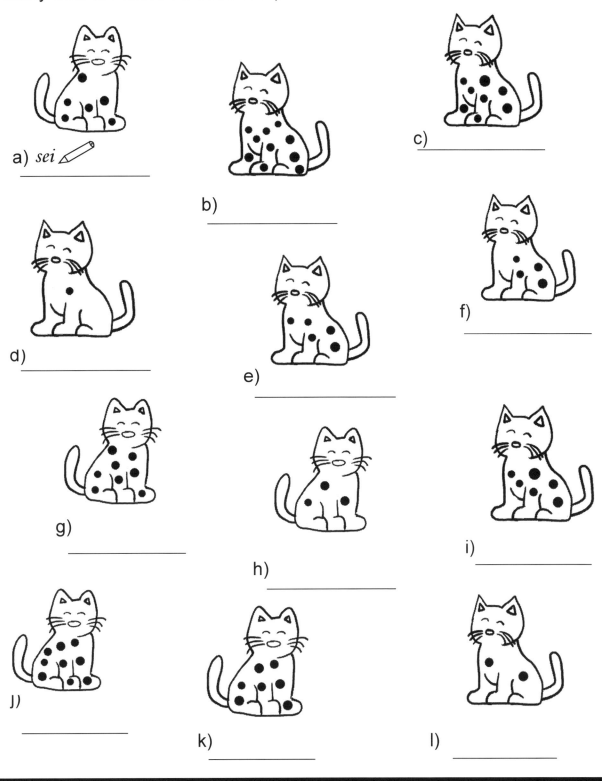

a) *sei*

b) _____

c) _____

d) _____

e) _____

f) _____

g) _____

h) _____

i) _____

J) _____

k) _____

l) _____

1	2	3	4	5	6	7	8	9	10
uno	due	tre	quattro	cinque	sei	sette	otto	nove	dieci

i numeri 1 - 10 (numbers 1 - 10)

1	uno	5	cinque	9	nove
2	due	6	sei	10	dieci
3	tre	7	sette		
4	quattro	8	otto		

1) Scrivi i numeri in italiano:
(Write the numbers in Italian:)

due ✏

_____

_____

_____

_____

_____

_____

_____

2) Trova i numeri 1 a 10:
(Find the numbers 1 to 10:)

U	D	J	S	C	E	T	E	O	E	U	Q	N	I	C
N	U	T	E	O	I	V	J	K	M	V	E	U	P	Z
O	K	R	I	U	O	P	D	L	M	Q	Z	A	S	O
C	M	E	P	N	O	Q	U	A	T	T	R	O	T	Y
X	A	W	E	I	L	B	E	F	P	Z	O	T	T	O
S	E	T	T	E	H	U	W	D	I	C	E	I	D	L

■ Riordina le lettere per trovare i numeri ■

(Reorder the letters to find the numbers)

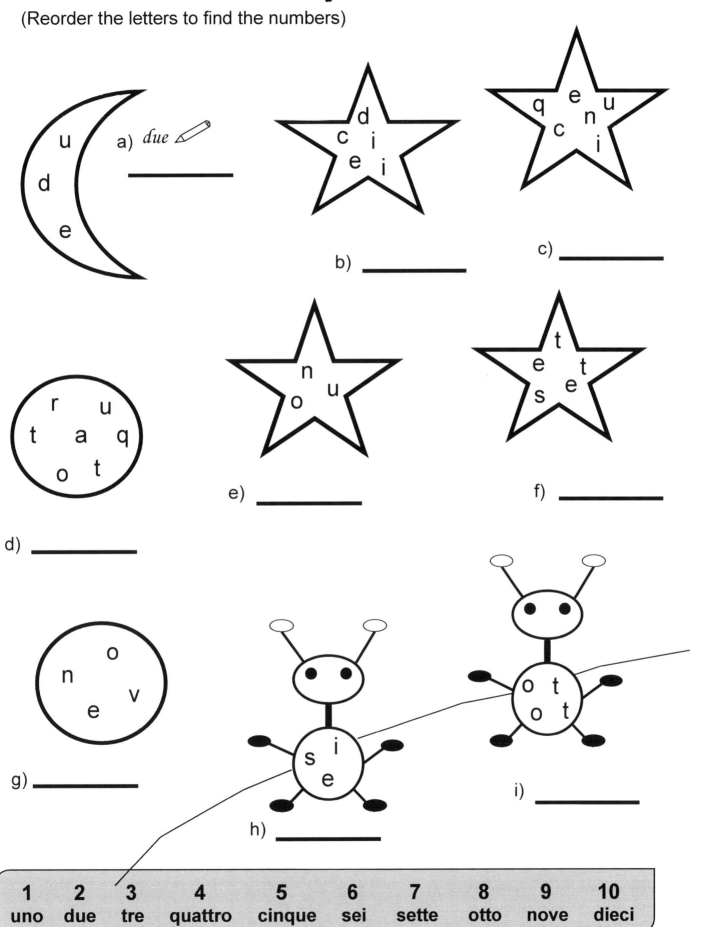

a) *due* ✏

b) _____

c) _____

d) _____

e) _____

f) _____

g) _____

h) _____

i) _____

1	**2**	**3**	**4**	**5**	**6**	**7**	**8**	**9**	**10**
uno	due	tre	quattro	cinque	sei	sette	otto	nove	dieci

9

Calcoliamo!

Do the maths calculations!

6 sei

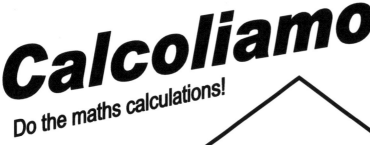

5 cinque

7 sette

4 quattro

3 tre

8 otto

2 due

9 nove

1 uno

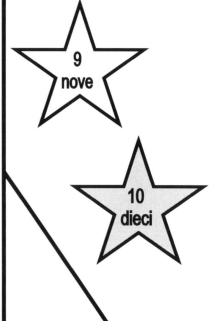
10 dieci

a) uno + tre = *quattro*

b) cinque + due =

c) quattro + uno =

d) dieci – due =

e) otto – cinque =

f) sei - quattro =

g) due x due =

h) tre x tre =

i) sei x uno =

j) quattro x due =

10

nero

bianco

grigio

giallo

i colori

rosso

marrone

porpora

arancione

rosa

verde

blu

Sei colori (Six colours)

1) Colora i disegni usando i colori corretti
(Colour the pictures, using the correct colours)

verde

bianco

nero

blu

giallo

rosso

2) Riordina le lettere, scrivi la parola in italiano e colora i disegni usando i colori corretti:
(Rearrange the letters, write the word in Italian, then colour the pictures correctly)

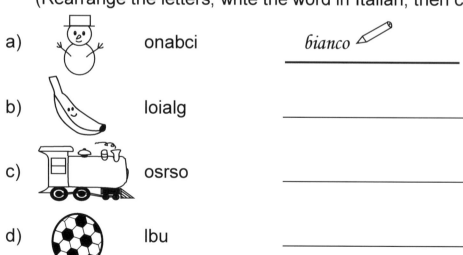

a)   onabci   *bianco*

b)   loialg

c)   osrso

d)   lbu

e)   rdeev

verde = green   bianco = white   blu = blue   rosso = red   nero = black   giallo = yellow

Colora le farfalle!

Colora le farfalle come segue: (Colour the butterflies as follows:)

quattro in giallo   tre in verde   tre in bianco **e** nero

due in rosso   quattro in blu   cinque in rosso **e** giallo

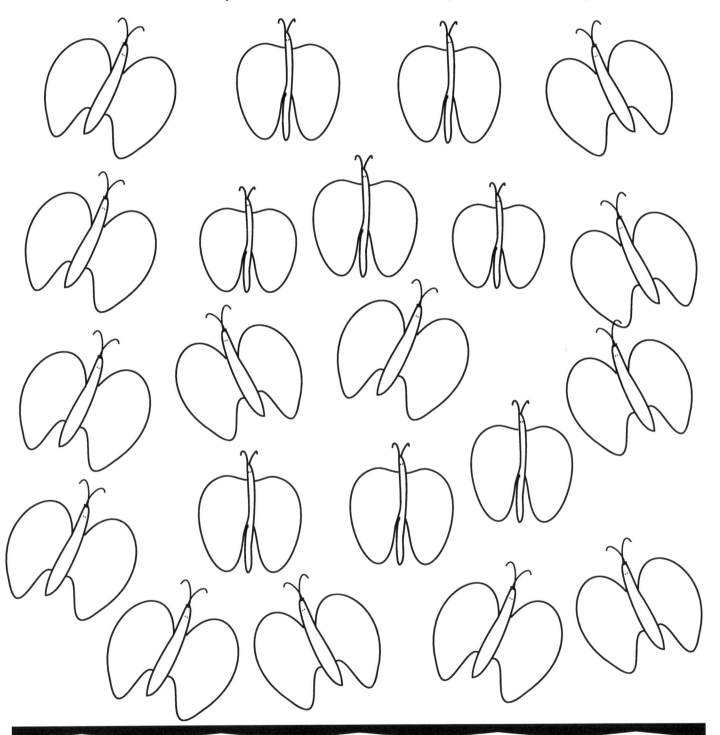

verde = green   bianco = white   blu = blue   rosso = red   nero = black   giallo = yellow   e=and

Cinque colori

1) Colora i disegni usando i colori corretti:
(Colour the pictures, using the correct colours:)

rosa

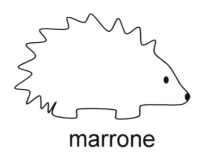

grigio

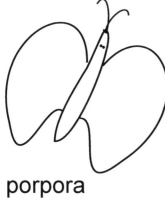

porpora

marrone

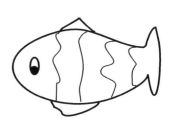

arancione

2) Segui ogni linea, scrivi il colore e colora i pappagalli:
(Follow each line, write the colour and colour the parrots:)

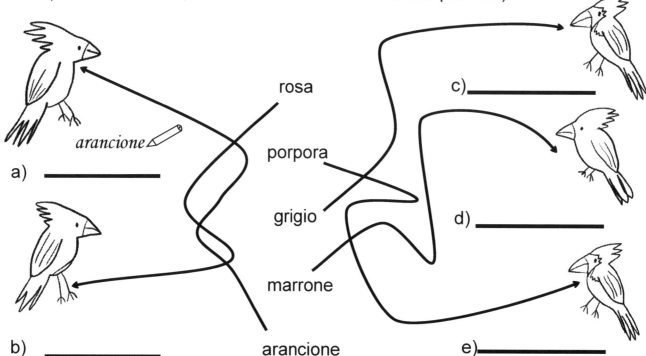

arancione

rosa

porpora

grigio

marrone

arancione

a) _____

b) _____

c) _____

d) _____

e) _____

Che colori sono? (What colour are they?)

Colora i disegni, e scrivi il colore di ogni disegno in italiano.
Prova a usare ogni colore solo una volta.
(Colour in the pictures, and write the colour of each picture in Italian. Try and
use each colour once only:)

rosso	blu	bianco	verde	nero	giallo
porpora	rosa	marrone	grigio	arancione	

blu

Quali colori ti piacciono?

(What colours do you like?)

☺ **Mi piace il.........**

(I like)

☹ **Non mi piace il......**

(I don't like)

Rispondi alle domande: (Answer the questions:)

1) Ti piace il verde?
Mi piace il verde / Non mi piace il verde ✏

_____

2) Ti piace il giallo?

_____

3) Ti piace il grigio?

_____

4) Ti piace il marrone?

_____

5) Ti piace il bianco?

_____

6) Ti piace il blu?

_____

7) Ti piace il nero?

_____

Questionario (Questionnaire)

The aim for this questionnaire is to use Italian to see what colours your friends and family like.

Ti piace ....? = Do you like ....?

When you say **Ti piace il rosso?** you are asking if someone likes red.
Ti piace il verde? = Do you like green? ;   **Ti piace il giallo?** = Do you like yellow?

You may have to translate the questions into English if your friends and family don't speak Italian. Under Nomi write the name of one of your friends or family. Then ask this person the questions about which colours they like. On the same line as the person's name tick the box under the colours they like, and cross the boxes they dislike. Ask more friends or family the questions in order to complete the questionnaire.

Nomi	Ti piace il rosso?	Ti piace il verde?	Ti piace il blu?	Ti piace il giallo?

✓ Mi piace il rosso.	✓ Mi piace il verde.	✓ Mi piace il blu.	✓ Mi piace il giallo.
✗ Non mi piace il rosso.	✗ Non mi piace il verde.	✗ Non mi piace il blu.	✗ Non mi piace il giallo.

17

i colori

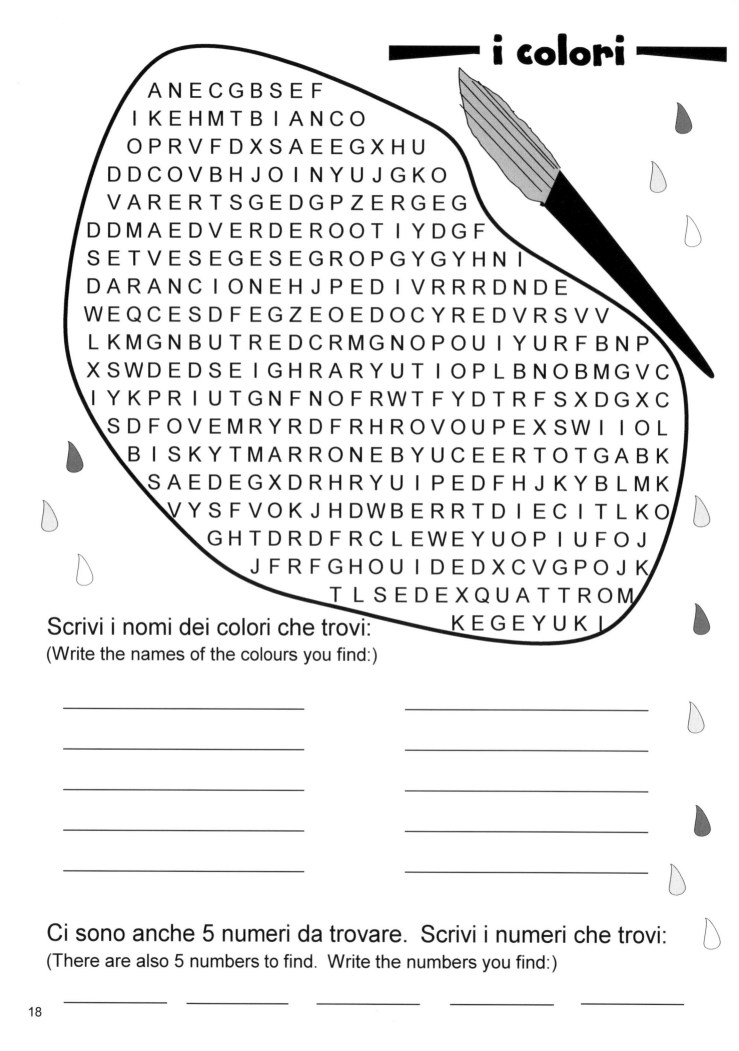

```
A N E C G B S E F
I K E H M T B I A N C O
O P R V F D X S A E E G X H U
D D C O V B H J O I N Y U J G K O
V A R E R T S G E D G P Z E R G E G
D D M A E D V E R D E R O O T I Y D G F
S E T V E S E G E S E G R O P G Y G Y H N I
D A R A N C I O N E H J P E D I V R R R D N D E
W E Q C E S D F E G Z E O E D O C Y R E D V R S V V
L K M G N B U T R E D C R M G N O P O U I Y U R F B N P
X S W D E D S E I G H R A R Y U T I O P L B N O B M G V C
I Y K P R I U T G N F N O F R W T F Y D T R F S X D G X C
S D F O V E M R Y R D F R H R O V O U P E X S W I I O L
B I S K Y T M A R R O N E B Y U C E E R T O T G A B K
S A E D E G X D R H R Y U I P E D F H J K Y B L M K
V Y S F V O K J H D W B E R R T D I E C I T L K O
G H T D R D F R C L E W E Y U O P I U F O J
J F R F G H O U I D E D X C V G P O J K
T L S E D E X Q U A T T R O M
K E G E Y U K I
```

Scrivi i nomi dei colori che trovi:
(Write the names of the colours you find:)

_____	_____
_____	_____
_____	_____
_____	_____
_____	_____

Ci sono anche 5 numeri da trovare. Scrivi i numeri che trovi:
(There are also 5 numbers to find. Write the numbers you find:)

_____ _____ _____ _____ _____

un coniglio

un pesce

una tartaruga

un uccello

gli animali

un serpente

un cavallo

un gatto

un cane

un topo

un criceto

Gli animali

1) Scrivi la parola italiana corretta sotto ogni animale:
(Write the correct Italian word under each animal:)

un coniglio   un pesce   un gatto

un cavallo   un uccello   un cane

a) *un coniglio*

_____

b)
_____

c)
_____

d)
_____

e)
_____

f)
_____

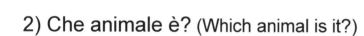

2) Che animale è? (Which animal is it?)

a)
_____

b)
_____

c)
_____

d)
_____

e)
_____

f)
_____

20

Hai un animale domestico? (Do you have a pet?)

1) Quale animale ha la gente? Disegna una linea all'animale giusto.
(What animal do the people have? Draw a line to the correct animal.)

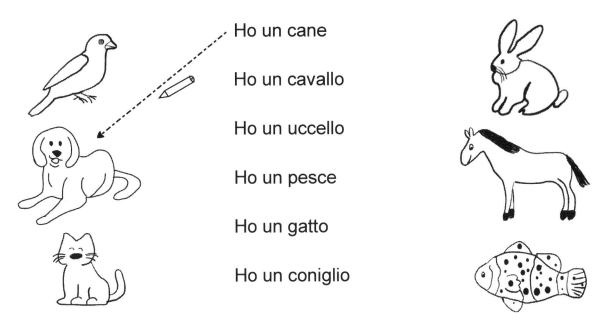

Ho un cane

Ho un cavallo

Ho un uccello

Ho un pesce

Ho un gatto

Ho un coniglio

2) Come si dice in italiano che hai i seguenti animali?:
(How would you say in Italian that you have the following animals?:)

per esempio: *Ho un coniglio.*

_____

a) _____

b) _____

c) _____

d) _____

e) _____

Ecco alcuni animali

1) Copia i disegni e le parole in italiano:
   Copy the pictures and the words in Italian:

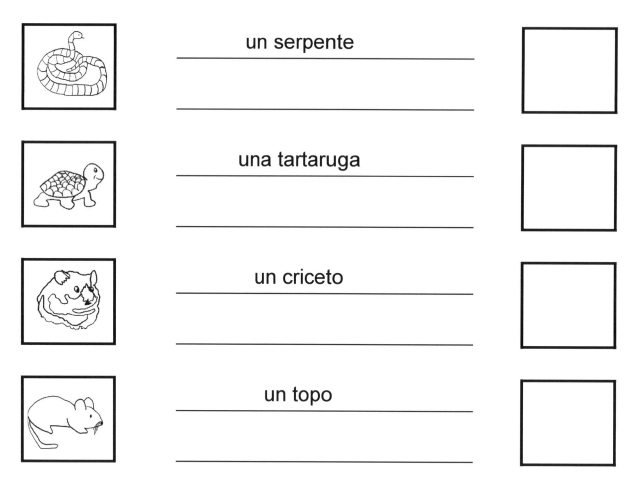

un serpente

una tartaruga

un criceto

un topo

2) Riordina le lettere e traccia una linea all'animale corrispondente:
(Reorder the letters, and draw a line to the correct animal:)

opot

atogt

culeclo

uccello

agaruattr

epnreste

inooligc

aenc

aoclval

Non ho un animale domestico

(I don't have a pet)

1) Quale animale non ha la gente? Disegna una linea.
(What animal do the people not have? Draw a line.)

Non ho un topo

Non ho un criceto

Non ho un serpente

Non ho una tartaruga

2) Quale animale non ha la gente? Segui la linea e scrivi la frase in italiano.
(What animal do the people not have. Follow the line, and write a sentence in Italian.)

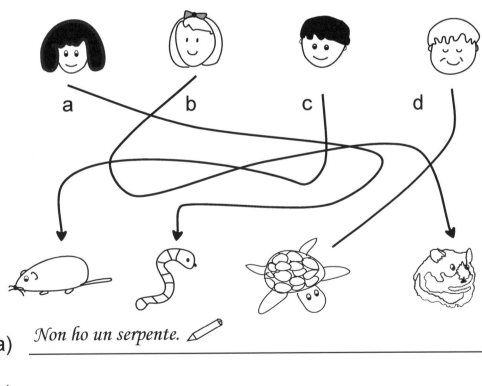

a) *Non ho un serpente.* _____

b) _____

c) _____

d) _____

23

Quanti animali ci sono?

How many animals are there?

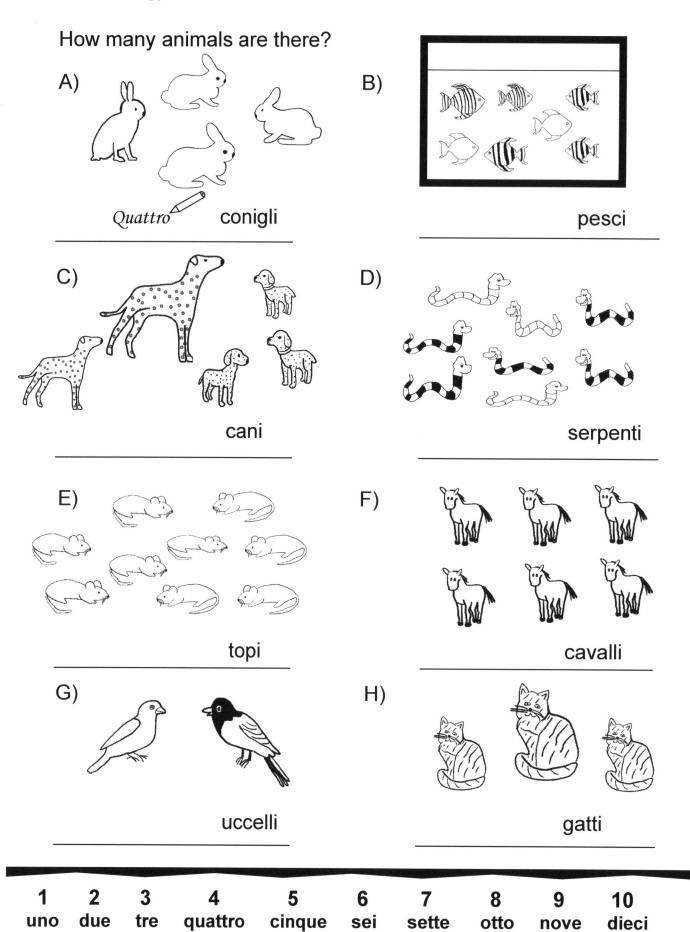

A) *Quattro* conigli

B) pesci

C) cani

D) serpenti

E) topi

F) cavalli

G) uccelli

H) gatti

1	**2**	**3**	**4**	**5**	**6**	**7**	**8**	**9**	**10**
uno	due	tre	quattro	cinque	sei	sette	otto	nove	dieci

Questionario (Questionnaire)

The aim for this questionnaire is to use Italian to see what animals your friends and family like. **Ti piace….?** means **Do you like…?** when you are talking about one thing (e.g. a colour), but we use **Ti piacciono…?** when we are asking people if they like certain types of animals rather than just one animal in particular. For example, Ti piace il gatto? = Do you like THE cat? BUT Ti piacciono i gatti = Do you like cats? Mi piace il gatto = I like THE cat BUT Mi piacciono i gatti = I like cats

You may have to translate the questions in the questionnaire into English if your friends and family don't speak Italian.

1) Under Nomi write the name of one of your friends or family.
2) Ask this person the questions about if they like certain animals. On the same line as the person's name tick the box under the animals they like, and cross the boxes they dislike. Then ask these questions to some more of your friends and family.

Nomi	Ti piacciono i gatti?	Ti piacciono i cani ?	Ti piacciono i pesci?	Ti piacciono i serpenti?

✓	✓	✓	✓
Mi piacciono i gatti.	Mi piacciono i cani.	Mi piacciono i pesci.	Mi piacciono i serpenti.
✗	✗	✗	✗
Non mi piacciono i gatti.	Non mi piacciono i cani.	Non mi piacciono i pesci.	Non mi piacciono i serpenti.

Trova gli animali

G	A	T	T	O	A	C	R	I	C	E	T	O	B	C
F	G	T	E	G	J	P	T	C	C	T	U	R	T	O
R	Y	N	E	F	C	W	X	O	V	R	C	S	R	N
P	A	O	E	C	S	E	P	U	P	N	A	D	V	I
C	C	V	R	E	Y	U	I	O	Z	O	V	W	E	G
X	T	A	R	T	A	R	U	G	A	P	A	U	M	L
Z	D	E	Y	T	T	J	B	R	Y	P	L	M	N	I
C	C	E	R	X	V	E	E	V	B	T	L	T	I	O
E	T	N	E	P	R	E	S	G	C	T	O	P	C	S
S	W	I	Y	T	T	U	C	C	E	L	L	O	Y	I

Trova gli animali:

(Find the animals:)

CANE   PESCE

CONIGLIO   SERPENTE

CAVALLO   TARTARUGA

CRICETO   TOPO

GATTO   UCCELLO

una coca

una bottiglia
d'acqua

un bicchiere
di latte

una coca cola light

un succo d'arancia

una limonata

le bevande

un caffè

un tè

Ho sete (I'm thirsty)

1) Scrivi in italiano le parole corrette sotto i disegni:
(Write in Italian the correct words under the pictures:)

una coca	una coca cola light	un caffè
una limonata	un succo d'arancia	un tè

a)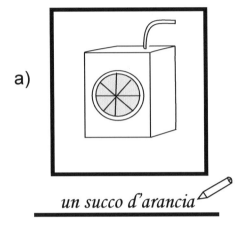

un succo d'arancia

_____

b)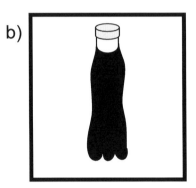

_____

c)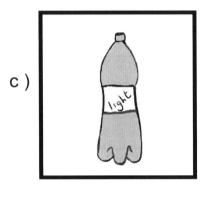

_____

d)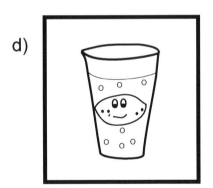

_____

e)

_____

f)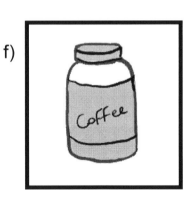

_____

2) Abbina le parole italiane alle parole inglesi:
(Match the Italian with the English words:)

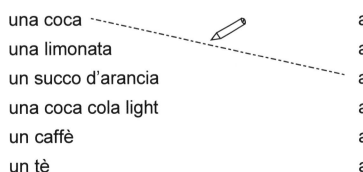

una coca	an orange juice
una limonata	a coffee
un succo d'arancia	a coke
una coca cola light	a tea
un caffè	a diet coke
un tè	a lemonade

Cosa vuoi bere? (What do you want to drink?)

1) **Cosa vogliono da bere queste persone? Scrivi il numero del disegno.** (What do the people want to drink? Write the number of the picture.)

   a) Vorrei una coca, per favore.   _1_

   b) Vorrei un caffè, per favore.   ____

   c) Vorrei un tè, per favore.   ____

   d) Vorrei una coca cola light, per favore.   ____

   e) Vorrei un succo d'arancia, per favore.   ____

   f) Vorrei una limonata, per favore.   ____

2) **Usando la frase vorrei .....per favore,** ordina queste bevande:
(using the phrase **vorrei .....per favore**, ask for these drinks:)

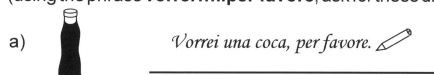

a)   *Vorrei una coca, per favore.*

b)

_____

c`

_____

d)

_____

29

Vorrei una bottiglia d'acqua

(I'd like a bottle of water)

1) Abbina le parole italiane con le parole inglese:
(Match the Italian words with the English words)

una bottiglia d'acqua   a big bottle

naturale   a bottle of water

frizzante   still

una bottiglia grande   a small bottle

una bottiglia piccola   fizzy

Un caffè o un tè (A coffee or a tea)

con latte (with milk) ✓	o (or)	senza latte (without milk) ✗

2) Come si dicono queste frasi in inglese?:
(How would you say these phrases in English?:)

A coffee with milk

a) un caffè con latte   _____

b) un tè senza latte   _____

c) un tè con latte   _____

d) un caffè senza latte   _____

Quanti ce ne sono?

1) Quanti ce ne sono? (How many are there?)

a) *quattro* succhi d'arancia
_____

b) _____ limonate

c) _____ coca cola light

d) _____ caffè

e) _____ tè

f) _____ coche

2) Come si dice in italiano: (How do you say in Italian?:)

a) seven lemonades   *sette limonate* _____

b) four coffees   _____

c) five teas   _____

d) eight cokes   _____

e) six orange juices   _____

1	=	uno
2	=	due
3	=	tre
4	=	quattro
5	=	cinque
6	=	sei
7	=	sette
8	=	otto
9	=	nove
10	=	dieci

Word search

Trova le parole, e scrivile in italiano sotto i disegni:
(Find the words, and write them in Italian under the pictures:)

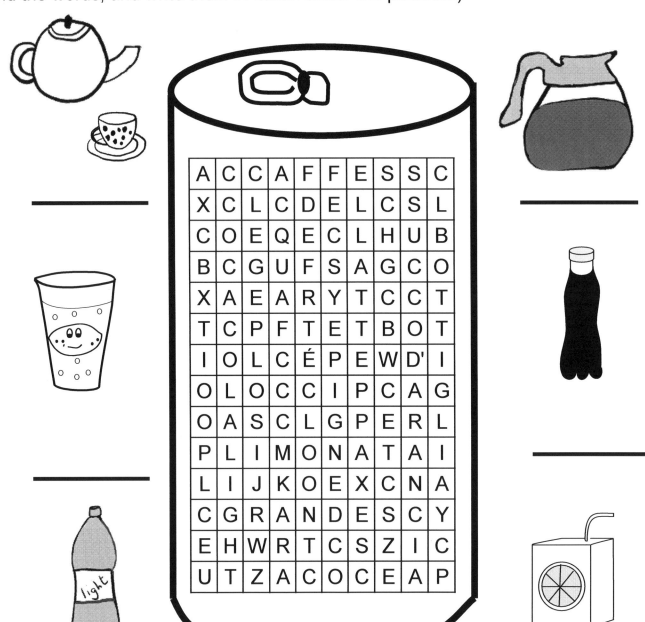

A	C	C	A	F	F	E	S	S	C
X	C	L	C	D	E	L	C	S	L
C	O	E	Q	E	C	L	H	U	B
B	C	G	U	F	S	A	G	C	O
X	A	E	A	R	Y	T	C	C	T
T	C	P	F	T	E	T	B	O	T
I	O	L	C	É	P	E	W	D'	I
O	L	O	C	C	I	P	C	A	G
O	A	S	C	L	G	P	E	R	L
P	L	I	M	O	N	A	T	A	I
L	I	J	K	O	E	X	C	N	A
C	G	R	A	N	D	E	S	C	Y
E	H	W	R	T	C	S	Z	I	C
U	T	Z	A	C	O	C	E	A	P

Trova anche queste parole italiane:
(Also find these Italian words:)

latte (milk)   **bottiglia** (bottle)   **acqua** (water)

grande (big)   **piccolo** (small)

peperoni

pomodori

cipolle

una pizza

formaggio

mozzarella

prosciutto

salame

funghi

Copia i disegni e le parole in italiano

(Copy the pictures and the words in Italian)

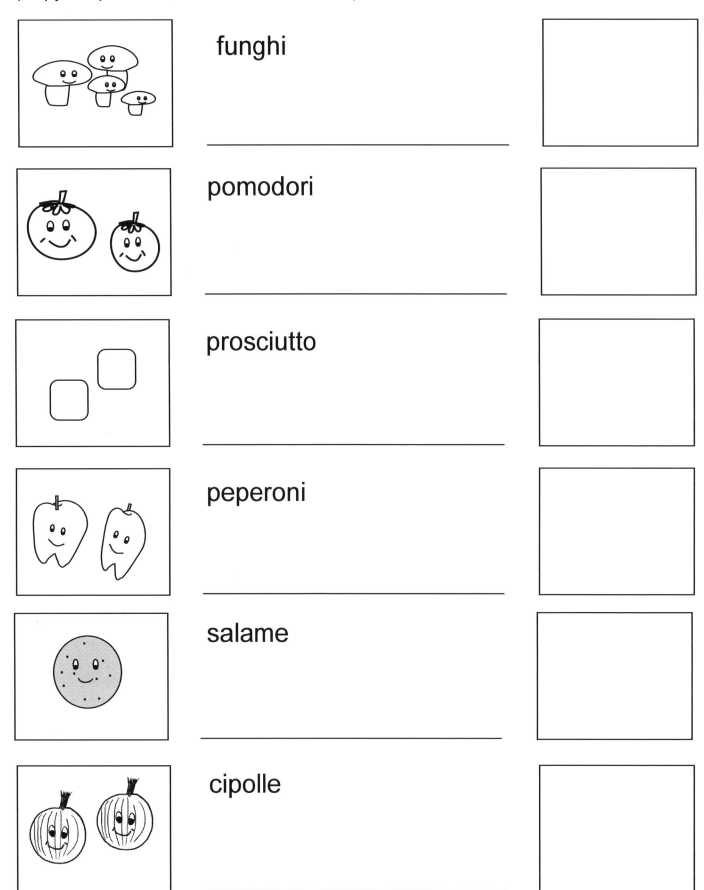

funghi

_____

pomodori

_____

prosciutto

_____

peperoni

_____

salame

_____

cipolle

_____

Una pizza

1) Disegna gli ingredienti sulla pizza: (Draw the ingredients on the pizza:)

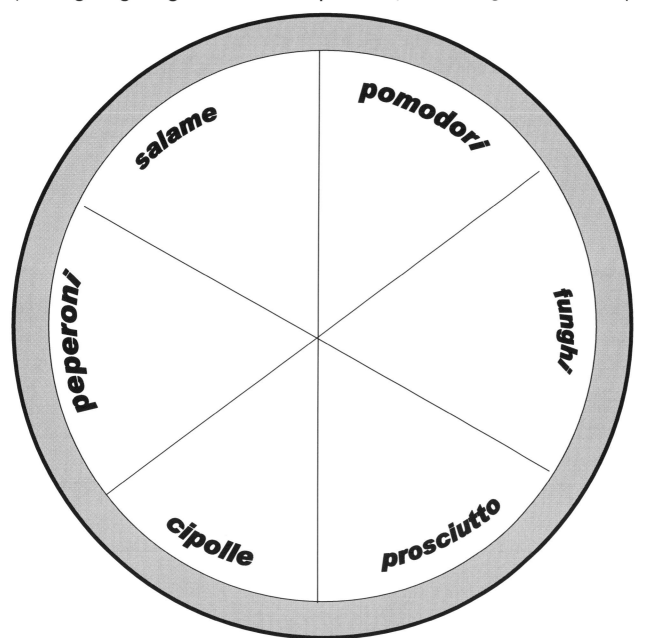

salame   pomodori   funghi   prosciutto   cipolle   peperoni

2) Abbina le parole italiane con le parole inglesi:
    (Match the Italian words with the English words:)

prosciutto	mushrooms
cipolle	peppers
pomodori	ham
funghi	salami
salame	onions
perperoni	tomatoes

35

Vorrei una pizza

(I would like a pizza)

    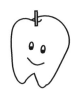

pomodori   funghi   prosciutto   peperoni   salame

Usando la frase **Vorrei una pizza con**…., chiedi queste pizze:
(Using the phrase **Vorrei una pizza con**..., ask for these pizzas:)

a) Ham

Vorrei una pizza con prosciutto. ✏

_____

_____

b) Mushrooms

_____

_____

c) Peppers

_____

_____

d) Tomatoes

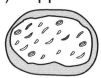

_____

_____

e) Salami

_____

_____

Ho fame! (I'm hungry!)

Cameriere - waiter   Vorrei una pizza con - I would like a pizza with   e - and
Buonasera -Good evening   molto bene - very good   un attimo - one moment

1) Leggi la conversazione: (Read the conversation)

Cameriere: Buonasera.

Veronica: Vorrei una pizza con prosciutto e funghi.

Luca: Vorrei una pizza con formaggio e pomodori.

Emi: Vorrei una pizza con salame e prosciutto.

Marco: Vorrei una pizza con peperoni, pomodori e cipolle.

Paolo: Vorrei una pizza con salame e funghi.

Cameriere: Molto bene. Un attimo, per favore.

2) Disegna come sarebbe la pizza per….
(Draw what the pizza would be like for......)

Veronica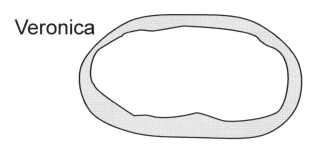

Marco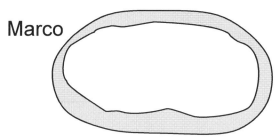

3) Leggi la conversazione sopra. Chi vuole….?
(Read the above conversation. Who would like.....?)

a) a cheese & tomato pizza   _Luca_

b) a salami & mushroom pizza   _____

c) a pepper, tomato & onion pizza   _____

d) a ham & mushroom pizza   _____

e) a salami & ham pizza   _____

Quante pizze ci sono?

(una)   due   tre   quattro   cinque

sei   sette   otto   nove   dieci

Scrivi in italiano quante pizze ci sono:
(Write in Italian how many pizzas there are:)

a)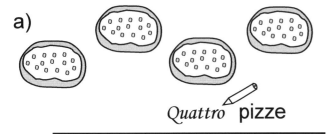

Quattro pizze

b)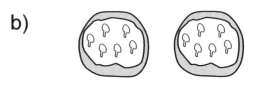

pizze

c)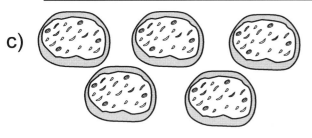

d)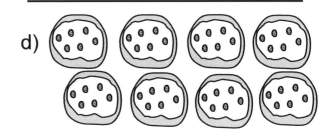

e)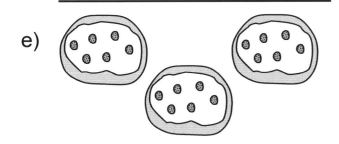

f)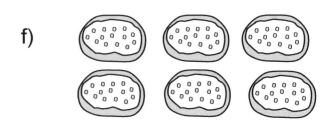

g)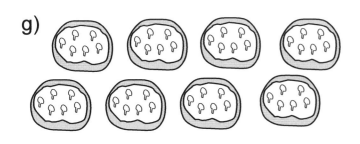

h)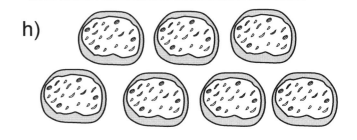

Wordsearch

```
P O M O D O R I A P C F
G C S F P E L L O P I C
P I F T R E C O P P D E
E N S S F P C P R S F G
P Q C P I F T I O E S Y
E U C Z F N H E S T A D
R E Z E S G Z D C T L E
O A F X N E D G I E A E
N C C U S S O E U G M V
I C F S P N C F T P E O
F P S P U C P C T F P N
F O R M A G G I O S C P
```

1) Trova queste parole: (Find these words:)

POMODORI   CIPOLLE   PEPERONI   FUNGHI

PROSCIUTTO   SALAME   FORMAGGIO   PIZZA

2) Ci sono anche dei numeri da trovare.
(There are also some numbers to find.)

Questionario (Questionnaire)

The aim for this questionnaire is to use Italian to see what pizza toppings your friends and family like. For example, **Ti piacciono i peperoni?** = Do you like peppers? **Ti piacciono i funghi?** = Do you like mushrooms?

1) Under **Nomi** write the name of one of your friends or family.

2) Ask this person the questions about if they like certain pizza toppings. On the same line as the person's name tick the box under the pizza toppings they like, and cross the boxes they dislike. (You may have to translate the questions into English if your friends and family don't speak Italian.)
Mi piacciono i peperoni = I like peppers
Non mi piacciono i peperoni = I don't like peppers

3) Ask more of your friends and family to complete the questionnaire.

Nomi	Ti piacciono i peperoni?	Ti piacciono i funghi ?	Ti piacciono i pomodori?	Ti piacciono le cipolle?
	✓ Mi piacciono i peperoni.	✓ Mi piacciono i funghi.	✓ Mi piacciono i pomodori.	✓ Mi piacciono le cipolle.
	✗ Non mi piacciono i peperoni.	✗ Non mi piacciono i funghi.	✗ Non mi piacciono i pomodori.	✗ Non mi piacciono le cipolle.

Italian		English		Italian		English
	abbina	match			leggi	read
	acqua	water		una	limonata	a lemonade
	alcuni animali	some animals			limonate	lemonades
gli	animali	the animals		una	linea	a line
	arancione	orange		le	linee	the lines
	arrivederci	Goodbye			marrone	brown
un	attimo	one moment			mi chiamo	my name is
	bere	to drink			mi piace	I like
	bianco	white			mozzarella	soft white cheese
un	bicchiere	a glass			naturale	still
	blu	blue			nero	black
una	bottiglia	a bottle			non mi piace	I don't like
una	bottiglia grande	big bottle			nove	nine
una	bottiglia piccola	small bottle		i	numeri	numbers
	Buonanotte	Good night			ogni	each
	Buonasera	Good evening			otto	eight
	Buongiorno	Good day		i	pappagalli	the parrots
	Buonpomeriggio	Good afternoon		la	parola	the word
un	caffè	a coffee		le	parole	the words
un	cane	a dog			peperoni	peppers
un	cavallo	a horse			per favore	please
	cinque	five			persone	people
	cipolle	onions		un	pesce	a fish
una	coca	a coke		una	pizza	a pizza
una	coca cola light	a diet coke			pomodori	tomatoes
	coche	cokes			porpora	purple
	colora	colour			prego	don't mention it
i	colori	the colours			prosciutto	ham
	Come ti chiami?	What are you called?			punti	dots
	con	with			qualcosa	something
un	coniglio	a rabbit			Quante volte?	How many times?
	copia	copy			quattro	four
	così così	so so			queste parole	these words
un	criceto	a hamster			riordina	rearrange
	dieci	ten			rosa	pink
	disegna	draw			rosso	red
i	disegni	the pictures			salame	salami
	due	two			scrivi	write
	e	and			segui	follow
	ecco	here is / here are			sei	six
le	farfalle	the butterflies		un	serpente	a snake
	formaggio	cheese			sette	seven
la	frase	sentence			sono	are
le	frasi	sentences			sto bene	I'm well
	frizzante	fizzy			sto male	I'm not good
	funghi	mushrooms			succhi d'arancia	orange juices
un	gatto	a cat		un	succo d'arancia	an orange juice
la	gente	the people		una	tartaruga	a tortoise
	giallo	yellow		un	tè	a tea
	giusto	correct		un	topo	a mouse
	grazie	thank you			tre	three
	grigio	grey			trova	find
	Hai......?	do you have....?		un	uccello	a bird
	ho	I have			uno	one
	inglese	English			verde	green
	italiano	Italian		una	volta	once
	latte	milk			vorrei	I would like

Answers

Page 2 Come ti chiami? (What is your name?)

1a) Mi chiamo Viola   b) Mi chiamo Elena   c) Mi chiamo Simone
d) Mi chiamo Leo   e) Mi chiamo Silvia   f) Mi chiamo Roberto

2) What is your name = Come ti chiami,   Hello / Bye = Ciao
    My name is Andrea = Mi chiamo Andrea

Page 3 Come stai? (How are you?)

1a) Davide – Sto bene   2a) Anna and Davide
1b) Nadia – Male   2b) Carolina and Paolo
1c) Paolo – Così così   2c) Carlo and Nadia
1d) Carolina – Così così

Page 4 Le frasi importanti (Important phrases)

1)   Buongiorno = 5,   Buonasera = 4,   Buonanotte = 4
        Per favore = 6,   Grazie = 5,   Arrivederci = 3

2a)   Buonpomeriggio   b) Grazie   c) Buongiorno
d)Arrivederci   e) Buonasera   f) per favore

Page 5

B	U	O	N	G	I	O	R	N	O					C		A
											B		O		R
		B	U	O	N	A	S	E	R	A		E		M		R
											N		E		I
	M	I	C	H	I	A	M	O				E		T		V
													I		E
E	I	Z	A	R	G				E			E	C		D
						T				R		H		E
P				T				O	C	I		R
R			O			V		O	A		C
E		N			A		S	M		I
G		A		F		I	I
O	N		R		C	?		O
	O		E		O		A
U		P	E	L	A	M	S		I
B	C	O	M	E	S	T	A	I	?		I	C

Page 7 Quanti punti ci sono ? (How many dots are there?)

a) sei b) dieci c) otto d) uno e) cinque f) quattro
g) otto h) tre   i) sei   j) nove k) sette l) due

Page 8 I numeri 1 – 10 (Numbers 1 – 10)

1) 2 = due, 7 = sette, 10 = dieci, 6 = sei 8 = otto, 1 = uno , 5 = cinque, 4 = quattro,   9 = nove,   3 = tre

```
U        S            E      E  U  Q  N  I  C
N        T  E         V
O        R     I   O     D
      E     N      Q  U  A  T  T  R  O
                   E           O  T  T  O
S  E  T  T  E                 I  C  E  I  D
```

Page 9 Riordina le lettere per trovare i numeri (Rearrange the letters to find the numbers)

a) due b) dieci c) cinque d) quattro e) uno

f) sette g) nove h) sei   i) otto   j) tre

Page 10 Calcoliamo! (Do the maths calculations)

a) quattro b) sette   c) cinque d) otto e) tre

f) due g) quattro h) nove   i) sei   j) otto

Page 12 Sei colori (six colours)

1) bianco = white,   verde = green,   blu = blue,   nero = black,
   giallo = yellow,   rosso = red

2a) bianco   b) giallo   c) rosso   d) blu   e) verde

Page 13 Colora le farfalle (Colour the butterflies)

The butterflies should be coloured as follows:
four in yellow,   two in red,   three in black & white
three in green,   four in blue,   five in red & green

Page 14 Cinque colori (five colours)

1)   rosa = pink,   grigio = grey,   porpora = purple,
      marrone = brown,   arancione = orange

2a) arancione   b) rosa   c) grigio   d) marrone   e) porpora

Page 15 Che colori sono? Suggested answers are as follows:

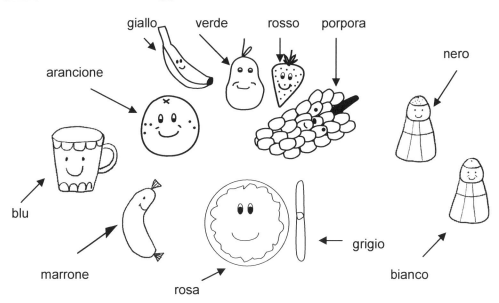

giallo   verde   rosso   porpora   nero
arancione
blu
marrone   rosa   grigio   bianco

Page 16 Quali colori ti piacciono?
 (Which colours do you like?)
The answers should be EITHER of the following:

1) Mi piace il verde / Non mi piace il verde
2) Mi piace il giallo / Non mi piace il giallo
3) Mi piace il grigio / Non mi piace il grigio
4) Mi piace il marrone / Non mi piace il marrone
5) Mi piace il bianco / Non mi piace il bianco
6) Mi piace il blu / Non mi piace il blu
7) Mi piace il nero / Non mi piace il nero

Page 18

```
N                 B I A N C O
E
R                              G
O                      P       R
                       O       I
        V E R D E      R       G
                       P       I
A R A N C I O N E      O       O
                       R
                       A           O       R
        S E I          A           T       O
R                                  T   D   S       G
O                                  O   U   S       I
S        M A R R O N E                 E   O       A
A                                                  L
                       B           D I E C I       L
                       L                           O
                       U
                 Q U A T T R O
```

43

Page 20 Gli animali (animals)

1a) un coniglio   b) un pesce   c) un cavallo   d) un cane
  e) un uccello   f) un gatto

2 a) un gatto   b) un cavallo   c) un pesce   d) un cane
  e) un coniglio   f) un uccello

Page 21 Hai un animale? (Do you have a pet?)
1)

Ho un cane
Ho un cavallo
Ho un uccello
Ho un pesce
Ho un gatto
Ho un coniglio

2 a) Ho un gatto   b) Ho un uccello   c) Ho un pesce
  d) Ho un cane   e) Ho un cavallo

Page 22 Ecco alcuni animali (Here are some animals)

topo

gatto

uccello

tartaruga

serpente

coniglio

cane

cavallo

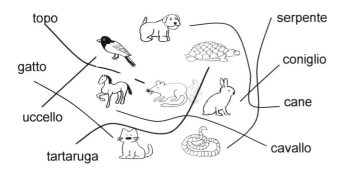

Page 23   Non ho un animale (I don't have a pet)

1)

Non ho un topo
Non ho un criceto
Non ho un serpente
Non ho una tartaruga

2 a) non ho un serpente b) non ho un criceto   c) non ho un topo d) non ho una tartaruga

Page 24 Quanti animali ci sono? (How many animals are there?)

a) quattro b) sette c) cinque d) otto e) nove f) sei g) due h) tre

Page 26

```
G A T T O    C R I C E T O    C
      E          T            O
    N          O     C        N
  A   E C S E P    P   A      I
C                  O V        G
  T A R T A R U G A   A       L
                      L       I
                      L       O
E T N E P R E S       O
          U C C E L L O
```

44

<u>Page 28</u>   Ho sete (I am thirsty)

1a) un succo d'arancia,   b) una coca,   c) una coca cola light
 d) una limonata,   e) un tè,   f) un caffè

2)   una coca .... an orange juice
         una limonata .... a coffee
         un succo d'arancia .... a coke
         una coca cola light .... a tea
         un caffè .... a diet coke
         un tè .... a lemonade

<u>Page 29</u>   Cosa desidera da bere? (What would you like to drink?)

1)   a = 1,   b = 5,   c = 2,   d = 3,   e = 6,   f = 4

2a) Vorrei una coca per favore   b) Vorrei una limonata per favore
  c) Vorrei un tè per favore   d) Vorrei un caffè per favore

<u>Page 30</u> Vorrei una bottiglia d'acqua (I'd like a bottle of water)
1)

una bottiglia d'acqua .... a big bottle

frizzante .... a bottle of water

naturale .... still

una bottiglia grande .... a small bottle

una bottiglia piccola .... fizzy

2a) a coffee with milk, b) a tea without milk c) a tea with milk   d) a coffee without milk

<u>Page 31</u> Quanti ce ne sono? (How many are there?)
1a) 4 succhi d'arancia   d) 2 caffè
  b) 3 limonate   e) 4 tè
  c) 5 coca cola light   f) 6 coche

2a) sette limonate   d) otto coche
  b) Quattro caffè   e) sei succhi d'arancia
  c) cinque tè

<u>Page 32</u>

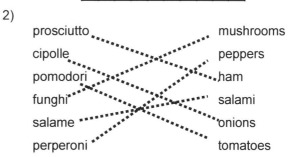

<u>Page 35</u> Una pizza (a pizza)
1)

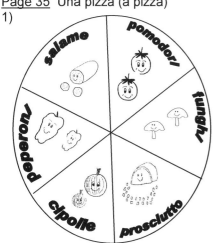

2)

prosciutto .... mushrooms

cipolle .... peppers

pomodori .... ham

funghi .... salami

salame .... onions

perperoni .... tomatoes

45

Page 36 Vorrei una pizza (I would like a pizza)
    a) Vorrei una pizza con prosciutto.
    b) Vorrei una pizza con funghi.
    c) Vorrei una pizza con peperoni.
    d) Vorrei una pizza con pomodori.
    e) Vorrei una pizza con salame.

Page 37   Ho Fame! (I am hungry)

2) Veronica – Ham & Mushrooms   Marco – Peppers, Tomatoes & Onions

3) a) Luca b) Paolo c) Marco d) Veronica e) Emi

Page 38

a) quattro pizze   b) due pizze   c) cinque pizze   d) otto pizze

e) tre pizze   f) sei pizze   g) nove pizze   h) sette pizze

Page 39

```
P   O   M   O   D   O   R   I
    C               E   L   L   O   P   I   C
P   I       T   R   E           P
E   N               P           R   S
P   Q           I           I   O   E   S
E   U       Z           H       S   T   A
R   E   Z           G           C   T   L
O   A           N               I   E   A   E
N           U           O       U       M   V
I       F           N           T       E   O
            U           N               T           N
F   O   R   M   A   G   G   I   O
```

For children aged 7 - 11 there are the following books by Joanne Leyland:

Italian
Cool Kids Speak Italian (books 1, 2 & 3)
On Holiday In Italy Cool Kids Speak Italian
Photocopiable Games For Teaching Italian
Stories: Un Alieno Sulla Terra,   La Scimmia Che Cambia Colore,   Hai Un Animale Domestico?

French
Cool Kids Speak French (books 1 & 2)
Cool Kids Speak French - Special Christmas Edition
On Holiday In France Cool Kids Speak French
Photocopiable Games For Teaching French
Cool Kids Do Maths In French
Stories: Un Alien Sur La Terre,   Le Singe Qui Change De Couleur,   Tu As Un Animal?

Spanish
Cool Kids Speak Spanish (books 1, 2 & 3)
Cool Kids Speak Spanish - Special Christmas Edition
On Holiday In Spain Cool Kids Speak Spanish
Photocopiable Games For Teaching Spanish
Cool Kids Do Maths In Spanish
Stories: Un Extraterrestre En La Tierra, El Mono Que Cambia De Color, Seis Mascotas Maravillosas

German
Cool Kids Speak German books 1 & 2
Cool Kids Speak German book 3 (coming soon)

English as a foreign language
Cool Kids Speak English books 1 & 2

For children aged 5 - 7 there are the following books by Joanne Leyland:

French
Young Cool Kids Learn French
Sophie And The French Magician
Daniel And The French Robot (books 1, 2 & 3)
Daniel And The French Robot Teacher's Resource Book (coming soon)
Jack And The French Languasaurus (books 1, 2 & 3)

German
Young Cool Kids Learn German

Spanish
Young Cool Kids Learn Spanish
Sophie And The Spanish Magician
Daniel And The Spanish Robot (books 1, 2 & 3)
Daniel And The Spanish Robot Teacher's Resource Book (coming soon)
Jack And The Spanish Languasaurus (books 1, 2 & 3)

For more information on the books available, and different ways of learning a foreign language go to **www.foreignlanguagesforchildren.com**